# Lyrik-Lesung 3

# Lyrik-Lesung 3

Dichterstuben
Eine Auswahl

von Helmut Barthel

im Kulturcafé Komm du
am 30. Oktober 2013

Helmut Barthel, »Lyrik-Lesung 3«
© Helmut Barthel
Alle Rechte vorbehalten

Rechte für diese Ausgabe:
MA-Verlag, Stelle-Wittenwurth
ma-verlag@gmx.de
2. Auflage 2016

Satz, Layout und Umschlaggestaltung:
MA-Verlag
Bildnachweis: © MA-Verlag

ISBN 978-3-925718-31-1

*Nachdenkliches*
*oder moralinsaure Brote*

# Inhalt

## Tiermoritaten

## Aus: Gedichte zum Jahreswechsel

## Wunschgedichte

## Das Lied

Ach, du Gott der Elemente,
ach, du Stärke ohne Maß,
Träger aller Urtalente,
ungebroch'ner Lebensspaß.

Strahlend in das Licht geboren
als der pure Tatendrang,
von der Allmacht auserkoren,
und der Welten Lobgesang.

Deine Kraft und deine Stärke
finden ihresgleichen nicht,
unzerstörbar deine Werke
aus dem Willen ohne Pflicht.

Könnte ich dich doch beschreiben,
würde niemand es versteh'n.
Nicht einmal durch Untertreiben
ließe sich dein Ende seh'n.

Nur an allerhöchster Stelle
wächst du aus zur Übermacht,
auf des Sieges steiler Welle,
in der großen Schicksalsschlacht.

Solltest du, dem Schein zuwider,
dennoch fallen von der Leiter,
gibt es noch die Heldenlieder,
und die Sagen leben weiter.

Und infolge solcher Lieder
wird der Mensch nichts andres treiben,
als dich untertänigst wieder
bitten, auf dem Thron zu bleiben.

Wann nur kommt das Menschenreich,
das sich seiner selbst annähme
und sich löst aus dem Vergleich -
Götter haben auch Probleme.

*(1996)*

## Ausbruch

Bis zum Himmel aufgetürmt
sind die Berge, und die Schluchten
enden, wo die Hölle stürmt,
die sich krümmt an ihren Wuchten.

Lava, Asche, Qualm und Rauch,
brennende Gesteine
preßt der Berg aus seinem Bauch,
aller Welt zum Peine.

Wenn Gestein die Kraft verliert,
sich zu halten und zu schichten,
steigt der Druck und explodiert,
um die Massen neu zu richten.

Niemand weiß und keiner ahnt,
wo die Hölle dieser Hitze
sich die nächsten Wege bahnt,
und auch nicht, aus welcher Ritze.

Ascheregen, dicke Luft
und was sonst noch von den Dingen
gleich verbrennt oder verpufft,
droht die Umwelt zu verschlingen.

Dunkler Himmel, Brandgeruch,
alle laufen um ihr Leben,
böse Worte, böser Fluch
und das unentwegte Beben.

Und die Frage, während dessen
sich die Erde tief empört:
Wer hat wann und was vergessen
und so ihren Schlaf gestört?

*(November 2002)*

## Die Geldfabel

"Reich' mir mal die Nuß, du Affe",
sprach das Langhalstier hinauf.
"Hol' sie dir doch selbst, Giraffe,
denn ich fresse grad und sauf'."

Keine Frage, kein Problem,
ein, zwei Schritte und ein Biß
mit dem langen Hals, bequem
ist dem Tier die Nuß gewiß.

Jeder sorgt für sich allein,
doch auch für den ander'n mit,
und es kann kein Zweifel sein,
Tauschen hält die Freundschaft fit.

Manche aber wollten 's nicht,
weil sie doch bescheiden waren,
und verweigerten die Pflicht,
um sich Mühe zu ersparen.

"Sparen", sprach ein Tier darauf,
"ließe sich doch auch noch tauschen,
wenn ich statt zu sparen kauf',
und das Zählen lern', statt lauschen."

Leider galt das Tier als klug,
und zufrieden war wohl keiner,
viel zu nah schien der Betrug,
und am Ende hat nur einer

seinen freien Nutzgebrauch,
und die letzte Mahlzeit schwindet
in dem alten, schweren Bauch,
wo sie niemand wiederfindet.

Laßt uns also konsequent,
womit wir auch Handel treiben,
und bevor es wer verpennt,
in die große Dünung schreiben:
"Wieviel Mal ist es gewesen,
daß du mir geholfen hast",
kann im Sande jeder lesen,
"und wenn jemand es verpaßt."

"Besser noch, wir nehmen Steine,
ganz besond're, denke ich,
oder gar bedruckte Scheine",
sprach das kluge Tier zu sich.

Alle konnten es gut hören,
stimmten ab und waren eins
darin, sich nicht mehr zu stören
und zu scheiden meins und deins.

Waren auch die Tiere froh
über das erfund'ne Geld,
wissen wir doch heute, so
kam das Böse in die Welt.

*(20. Februar 2004)*

.

## Der Finger

Hoch erhoben und gestreckt
weist der Finger Jägers Blick
dorthin, wo grad gut versteckt
Hasen kauern unter'm Knick.

Zeigt er schamlos auf die Menge
oder auf das Publikum,
heißt das auf der ganzen Länge:
Ich bin klug und ihr seid dumm.

Hält er sich an seiner Seite,
ohrennah, zur Schulter hin,
rührt die volle Fingerbreite
tiefe Schuld, Moral und Sinn.

Springt er auf und fällt er nieder,
wirbelt er im Kreis herum,
kehren Argumente wieder,
laut gestimmt, gedankenstumm.

Steift und steht er ohne Regung
und herrscht seine Umwelt an,
kontrolliert er die Bewegung,
so als ob nur er das kann.

Wird er gar als Drohgebärde
kräftig hin und her geschüttelt,
dann erreicht sie vielleicht Pferde
und was buckelt, schleimt und büttelt.

Denn er droht und denunziert
mit der Zeichenzeigemacht,
bis er sie deshalb verliert,
weil der Angezeigte lacht.

Dann wird er sofort begreifen:
Wer den Finger so benutzt,
kann sich nicht mal selber kneifen
und hat seine Hand gestutzt.

*(8. August 2002)*

# Blattspitzen

Nicht weisen die Bäume,
noch führen die Äste
zum Rande der Träume
und Schlüssel der Feste,
dem Sinnbild Natur
und Realität,
und die gibt es nur,
wie 's jeder versteht.

Die Feste der Wahrheit
wie Menschen sie wollen,
die Wirklichkeitsklarheit
zu dürfen und sollen.

Und auch die Zweige,
auf eigene Weise,
schleichen sich feige
ins Netzwerk der Kreise.

Schließlich die Blätter
wohl jedweder Pflanze
dienen als Retter
dem Irrtum im Tanze
mit Sonne und Wind
im Lichthimmelsblau,
die nichts and'res sind
als Teile der Schau.

Wirklichkeit nennen
wir Menschen das auch,
obwohl wir erkennen,
vergleichbar mit Rauch,

der wirbelt und wandelt,
und das und der Rest,
worum sich 's auch handelt,
und gar nichts ist fest.

Sieh' aber den Baum,
die Äste, die Zweige,
und wähle den Traum,
daß er es dir zeige:
So könnte es geh'n,
den Himmel zu ritzen
und nicht nur zu seh'n,
wenn dann diese Spitzen
am Ende von Zweigen,
von Ästen und Blättern
die Himmel ersteigen
zu Wolken und Wettern.

*(3. April 2004)*

## Vision

Ich hab' so lang geschrieben
und lang hab' ich gedacht,
ich hab' mich aufgerieben,
gehaßt, bekämpft, verlacht.

Im Speichelfluß gefangen
von Ironie und Hohn,
von üblen Zungenzangen
als Neider der Vision.

Mit ihrer bösen Frage
vor schon geraumer Zeit,
ob nicht von solcher Plage
ein Arztbesuch befreit.

So ist doch ziemlich leicht erklärt,
warum sich Norm und Konvention
ganz vehement erhitzt und wehrt
gegen die menschliche Vision.

Vision bringt Konvention zur Strecke
mit ihrem weiten, festen Blick
und raubt ihr noch die kleinste Ecke,
zerreißt den letzten Fesselstrick.

Denn waren nicht Vision und Traum
der erste Schritt zu allen Zeiten,
den Lebens- und Erkenntnisraum
mit Fortschrittsfolgen auszuweiten?

Und war es nicht die Utopie,
die mehr als einfach Trost versprach,
dem Menschen auch, der litt und schrie,
zumeist die erste Lanze brach?

*(30. Oktober 2004)*

## Geistesfessel

Der Geist ist nicht gebunden
in Masse, Raum und Zeit,
man hat ihn nicht gefunden,
er wurde nie befreit.

War er denn je gefangen
in uns'rer kleinen Welt,
getäuscht von dem Verlangen,
daß nichts zu Staub zerfällt?

Wohl glauben die Adepten
der vielen Religionen
mit ihren Heilskonzepten,
er würd' im Menschen wohnen.

Der große Geist als Schöpfer,
der Mensch als kleiner Geist,
den dann der Weltentöpfer
auf seinen Platz verweist.

Da wird sie dann geboren,
die große Rebellion,
und gibt sich nicht verloren
als Gottes Illusion.

Sie läßt sich nicht erschaffen
und zu verhindern ist sie schlecht
als Preis des Gottesaffen,
des Menschen ohne Macht und Recht.

Freiheit vom großen Staunen
als Emanzipation
zerstört des Geistes Launen
und stürmt den Weltenthron.

Dann spätestens entfaltet
sich wirklicher Verstand,
durch keinen Geist geschaltet,
und ganz aus freier Hand.

*(10. Februar 2000)*

## Ahnung


Und streben wir nach Wissen,
nach dem Wieso, Warum, Woher,
weil wir Erkenntnis missen,
dann machen wir den Himmel schwer,

weil wir gern postulieren
für metrische Konzepte,
um dann zu spekulieren
für die Gebrauchsrezepte,

mit denen wir uns brüsten,
und um uns zu beweisen,
daß wir tatsächlich wüßten,
worum die Fragen kreisen.

Im Intellekt verstiegen,
wo wir des Irrtums Anbeginn
nicht mehr zu fassen kriegen,
weicht mit dem Fortschritt auch der Sinn.

So speisen wir das Wissen
mit dem Verlust der Fragen,
von Antworten zerrissen,
die uns dann doch nichts sagen.

Wenn wir den Denkschablonen
verweigern, sie zu speisen,
wird uns der Geist belohnen
und wieder mit uns reisen.

Zurück zur alten Mahnung,
nicht aufzuhör'n zu fragen,
an Wissens statt die Ahnung,
denn die kann nicht versagen.

*(1. Dezember 2000)*

## Milch vegan

Sieh' nur, wie es Gräser kaut,
Halme zupft und Blätter frißt,
sich ins Gras legt und verdaut
oder auf die Wiese pißt.

Dieses Wesen, schwarz und weiß,
das mit Ohren und mit Schwanz
gegen Sumpf- und Stallgeschmeiß
Herrscher bleibt beim Fliegentanz.

Das nach Kräften stöhnt und brüllt,
wo es gerade steht und weidet,
wenn sich Bauch und Euter füllt
und es dann an beiden leidet,

und sich finden muß zum Melken
nur zum menschlichen Gebrauch,
zusieht, wie die Drüsen welken
als ein abgenutzter Schlauch.

Dafür raubt man ihm die Kinder,
daß es seine Milch behält,
denn das ist der Zweck der Rinder
als Ernährer für die Welt.

Geht es für ein Leben schlimmer,
sag' es mir, du kleiner Knilch,
oder möchtest du noch immer
nur ein großes Glas voll Milch?

*(21. Juni 2001)*

## Zählen

So total ist das Vergessen,
daß der Mensch die Zahl erfand,
um die Welt und sich zu messen
mit den Fingern einer Hand.

Uns're Technik, unser Wissen,
fragmentarisch angepaßt,
ist so mürbe und zerrissen,
wie es nicht die Welt erfaßt.

Und im Angesicht des Nebels
flieht der Menschengeist dahin,
die Entdeckung auch des Hebels
bleibt in Wahrheit ohne Sinn.

Und den Stolz auf Rad und Feuer
zahlt auch nicht die Industrie,
denn ihr wäre das zu teuer,
sie verdaut nur Menschenvieh.

Oder hat die Arbeitszeit,
die die Hebelkräfte birgt,
Menschen tatsächlich befreit
und Gerechtigkeit bewirkt?

Haben Einsteins Formelsprüche
wirklich dazu beigetragen,
daß die Not und Schicksalsbrüche
heut' den Menschen nicht mehr plagen?

Wurd' der Mensch zum Sklaven nicht
jener Kräfte, die er fand,
so daß er daran zerbricht
und den Staub nährt und den Sand?

Innehalten, das ist klar,
wär' der Widerspruch an sich,
denn was Fortschritt immer war,
bleibt Vergessen unter'm Strich.

Doch der Mensch ist 's, der nicht bleibt,
der sein Erbe der Zerstörung
nur mit seinem Sterben schreibt
und dem Abglanz der Empörung.

Es reicht nicht, die Zahl zu brechen,
die ihn fesselt am Vergessen
und ihn hindert, nur zu sprechen,
wo ihn sonst Gedanken fressen.

*(5. Juni 2005)*

## Der Biß

Ein Brüllen geht dem Biß voran,
ein Brüllen, das den Kosmos sprengt,
als Flüstern kommt es schließlich an,
mit allem, was da lebt, vermengt.

Zart und bitter, jeder weiß,
immer vorwärts auf der Flucht,
schafft sich Leben keinen Kreis
und auch keine Heimatbucht.

Läßt sich nieder und verzehrt
wie dereinst als Sternenstaub
alles, was sich stellt und wehrt,
und entfaltet sich im Raub,
weilt als Wasserkohlenstoff
lange aber ungerichtet,
und die Kräfte wirken schroff,
bis sich Wuchs und Nahrung schichtet.

Viele Wechsel der Substanzen
lassen über Jahrmillionen
Evolutionen tanzen,
bis die Menschen sich bewohnen.

Auch sie werden's nicht verhindern
und die Wunden tiefer reißen
fortgesetzt in ihren Kindern,
die wie ihre Alten beißen.

Und im Lärm der Schlachten toben
nie gebor'ne Urgewalten
mit dem Fortschritt bald nach oben,
die die Ordnung neu gestalten.

Angelangt im Hier und Jetzt
trifft man sie in ihren Kleidern
als global und voll vernetzt,
wie sie ihre Zukunft schneidern.

Mag der große Schritt gelingen
und die ganze Welt befrieden
und den Widerspruch bezwingen,
der wird unter'm Deckel sieden.

Polizeistaat in zivil,
in den Köpfen integriert,
braucht zum Herrschen nicht mehr viel,
funktioniert fast wie geschmiert.

Sicher nie zum Angewöhnen
bleibt dann da im Limbus noch
zwischen Regelschaltertönen
etwas für die Ohren doch,
die zu hören nicht verlernten,
weil Versprechen sie nicht füllen,
und die fressen, was sie ernten,
dieses unbesiegte Brüllen.

*(4. September 2004)*

## Waldfrieden

Auf des Baumes feuchter Rinde
hat sich Fäulnis eingefunden,
um mit Pilzen und Gesinde
seine Seele zu verwunden,
dessen Lebenskraft zu zehren
und statt Baumes grüner Pracht
eig'nen Wildwuchs zu ernähren
und zu schaden Tag und Nacht.

Gibt der Baum sein Letztes her
und verschenkt sich mit Substanz,
wüten die Schmarotzer mehr,
feiern ihren Siegestanz.

Doch die grüne Unschuld trügt,
hatten nicht der Bäume Schatten
auch die Wiesen umgepflügt,
sich zu nehmen, was die hatten?

Und zuvor die ander'n Pflanzen
haben sich auf lange Sicht
auch genommen von dem Ganzen
wie vom warmen Sonnenlicht.

Siehst du schöne Blumenfelder,
Kostbarkeiten der Natur,
Sümpfe, Wiesen oder Wälder,
findest du die Sieger nur

eines rigorosen Krieges
um den Platz im Sonnenlicht,
wassernah im Fall des Sieges,
die Verlierer siehst du nicht.

So, am Beispiel uns'rer Bäume,
schreibt sich die Exilgeschichte
in den Schlaf verbannter Träume
oder Phantasiegesichte
einer Wirklichkeit und Welt,
die das unscheinbarste Leben
gegen alles and're hält
und nicht nehmen kann, nur geben.

Dafür rauscht in Wipfelblättern
vielversprechend doch der Wind,
läßt es wachsen oder klettern,
daß es auch gedeiht, das Kind,
und erkennt erst ausgereift,
daß der Wind nicht mit ihm flüstert,
sondern durch die Äste pfeift,
wie im Ofen Feuer knistert.

Wenn wir lange genug warten,
eines Tages, hier und jetzt,
ist des Edens schöner Garten
umgepflügt und neu besetzt.

Und Bazillen oder Viren
geh'n mit ihrem Nachwuchs bald
voller Lebenslust spazieren
durch den Virenmärchenwald.

*(11. Dezember 2004)*

## Der Riß

Der Riß in der Rinde,
der Riß im Karton,
der Riß am Gewinde,
der Riß im Beton.

Das Stückchen dazwischen,
nach dem ich mich bücke,
den Halt zu erwischen
als schwindende Brücke.

Der Aufprall am Ende,
der alles zerstört,
das Klatschen der Hände,
das jedermann hört.

Das Echo im Raume
nach gellendem Pfiff,
der Schrecken im Traume,
der zwecklose Griff.

Sie finden gemeinsam
den Eingang zur Welt,
wo Gott Atlas einsam
die Sturzwache hält.

Der ohne zu wissen,
was er da bewegt,
in zahllosen Rissen
die Zukunft zerlegt,

der sich im Gefüge
der Fristen einfindet
und Wahrheit und Lüge
zu Wirklichkeit bindet,

um doch nicht zu halten,
denn das ist gewiß,
der Herrscher der Spalten
bleibt endlich der Riß.

*(22. August 2005)*

## Begegnung

Nie hab' ich dich getroffen,
oft hab'n wir uns geseh'n,
in jede Richtung offen,
wie im Vorübergeh'n.

Du wolltest etwas sagen,
ich habe es gehört;
geblieben sind die Klagen
und was das Herz empört.

Dem Menschen wird zum Fluche,
wenn er verweilen würde
auf seiner Freiheitssuche,
und jeder wird zur Bürde.

Doch gerade diese Bürde
ist es, die uns verbindet
zum Sprung über die Hürde,
wenn sich der Wille findet.

Und geht er auch verloren,
der Wille, weil's mißlingt;
er wird doch neu geboren,
kehrt wieder, unbedingt.

So sollte sich das Scheitern
wohl zum Genusse wenden
und den Verstand erweitern,
nicht vorher zu verenden.

*(22. Januar 2006)*

## Das halbe Herz

Ich möchte doch vollkommen sein,
geborgen und gewogen,
im puren Glanz und Aberschein,
in Wärme aufgesogen.

Alleine sein, das möcht' ich nicht
und auch nicht eng zusammen,
denn wird die Nähe erst zur Pflicht,
bekommt die Seele Schrammen.

Gern laß' ich die Parteilichkeit
für Harmonie und Frieden,
hab' mich zur Toleranz befreit,
denn Menschen sind verschieden.

So muß ich alles nicht versteh'n
und brauch' mich nur entscheiden:
In welche Richtung will ich geh'n,
was kann und mag ich leiden?

Der Himmel zählt die Sterne nicht,
um seine Pracht zu zeigen,
der Mensch, der hat sein Augenlicht
und kann auf Berge steigen,
um zu begreifen, jeder Ort
ist einzig und ist wichtig,
und gilt im Augenblick ein Wort,
so ist es später nichtig.

Verläßt mich manchmal auch der Mut,
die Horizonte zu ertragen,
dann wachsen Flügel aus der Wut,
den nächsten Übersprung zu wagen.

So glaub' ich schon, die Pilgerschaft,
durch Raum und Zeit in Teilen,
gibt mir und anderen die Kraft,
das halbe Herz zu heilen,
das sich so häufig trennen muß
auf seiner langen Reise,
gespalten bis zum Überdruß,
für andere zu leise.

Dann wieder fürchte ich beim Wandern,
daß diese leise Hälfte nie
die Brücke schlägt zu einem ander'n,
da ich nie aushielt, bis ich schrie.

Die Ungewißheit schließlich ist
der Grund, weshalb ich noch halbiere,
wenn's Scheitern eine Hälfte frißt,
ich dann die and're ausprobiere.

*(7. Mai 2006)*

# Fliegerball

Eines Morgens hing ein Ball
in den Himmelsweiten,
jeder sah ihn, überall
und von allen Seiten.

Militär und Wissenschaft,
jede Erdregierung
reagier'n mit ganzer Kraft
auf die Ballplazierung.

Teleskope, Düsenjäger
oberservier'n und steuern an,
daß die Luft voll Hightech-Feger
doch zu eng wurd' irgendwann.

Und der erste Jäger prellt
mit dem Flügel jenen Ball,
der wie Riesengummi schnellt
und entflieht mit Überschall.

Viele Flieger hab'n versucht,
dieses runde Stück zu fangen,
hab'n gerechnet und geflucht,
es probiert mit Netz und Zangen.

Längst vergessen ist das Ziel,
diesen Ball zu kriegen,
es blieb nur das Fliegerspiel
und beim Spiel das Fliegen.

*(6. Februar 2007)*

## Das Welkblattmärchen

Ein welkes Blatt hat es versäumt,
den Platz am Zweige zu verlassen,
der Frühling ruft, die Esche bäumt,
und Keim und Knospengrün, die prassen.

So blieb ein Trieb im Zweige stecken,
in seinem Weg das welke Blatt,
das braune Sk'lett war nicht zu wecken,
wenn auch der Saft getrieben hat.

Dem Baume träumte dann des nächtens,
daß ihn ein böser Geist besetzt,
den zu vertreiben wäre rechtens,
damit 's den Lichtschirm ganz vernetzt.

Doch alle Mühe blieb vergebens,
die Narbe, die das Altblatt hielt,
ward Endpunkt allen guten Strebens,
und Kraft und Saft waren verspielt.

Der Baum erzählt dem Triebe von dem Lichte
und davon, daß er weiterführt,
und der erzählt dem Welkblatt die Geschichte,
das Wind und Wehe plötzlich spürt.

Das schmerzt das blinde, starre Blatt,
weil 's wieder weiß, was es vergaß,
den Sprung auf seine Ruhestatt
und auf das frische, grüne Gras.

Das Grün, der Trieb, das große Licht
im Wolkendunst und Sonnenscheine,
der welke Rest der Humusschicht
sind deshalb niemals ganz alleine.

*(2. Mai 2007)*

# Hufscharren

Mit donnerndem Getöse
zieht Sturmwind über 's Land,
dagegen steht die Öse
und Nadel in der Hand
für Technik und für Wissen,
nicht brauchbar für den Ort,
so wenig wie ein Kissen,
im Flußbett spült es fort.

Des Hauses Grundgebeine,
die Mauern und das Dach
verlieren Halt und Steine
und geben brechend nach.

Nie ward der Baum geschüttelt
von einer solchen Faust,
mit Wurzeln umgerüttelt,
als ob ein Riese haust.

Nie griff der Sturm die Wellen
so tief in Meer und Flut,
daß Deich und Dorf zerschellen
unter der Wasserwut.

In seinem Heim getroffen,
erschrocken und geschockt,
vom Schlafen noch besoffen
aus seinem Rausch gelockt,

könnte der Affe denken,
der sich für wichtig hält,
er möcht' das Unglück lenken
auf seiner kleinen Welt.

In Anbetracht der Wuchten,
mit denen Stürme wüten,
sind 's Berge und die Schluchten,
die zartes Leben hüten.

Und Dämme, Deiche, Mauern
der Menschen, die nicht halten,
sind fortgeschwemmt von Schauern,
Gezeiten und Gewalten.

Doch ist noch nichts geschehen,
das Wetter bleibt sich treu,
denn wenn die Winde wehen,
ist nur ihr Umfang neu.

Das Scharren eines Stieres,
das ist das letzte Zeichen,
der Wut und Wucht des Tieres
noch zeitig auszuweichen.

*(19. März 2007)*

# Überflüssig

Sei still und horch, genau wie ich,
dann spürst du es auch kommen,
es hebt die Luft, verbreitet sich,
du witterst es verschwommen.

Maschinenöl und Abfallreste,
im Boden lang versickert,
von Kernkraftwerken nur das beste,
der Geigerzähler tickert.

Aus Lackfabriken die Chemie,
sie reagiert im Boden,
und, nimmersatt, stopt niemand sie,
frißt Humus, Wurzeln, Soden.

Verstrahlt, verbrannt, die Luft gemästet
mit Industriedreckemissionen
und seinen Schöpfer längst verpestet,
lernt dieser Fortschritt, sich zu klonen.

Es kommt die Zeit, daß er 's dann schafft,
den Menschen ganz zu überwinden,
der Fortschritt, mit Maschinenkraft,
und seinen eig'nen Weg zu finden.

Für 'n Menschen wär 's, wüßt er 's denn, Hohn,
wenn Perfektion und stilles Warten
die Luft auffrischt, und grüner Lohn
wächst und gedeiht im neuen Garten.

*(23. Juli 2008)*

# Keimfrei

Als es den Himmel noch nicht gab
und auch den Tag nicht und die Nacht,
geschah, was ich gesehen hab',
da ist im Nichts das Sein erwacht.

Wie könnte das beschaffen sein,
ein Nichts im Chaos allzumal,
es ist der Unterschied allein,
und Masse macht den Weltraum kahl.

Sternenfeuer und Kometen
schaffen die, wie wir sie nennen,
vielen Welten und Planeten,
wie wir sie aus Büchern kennen.

Und dann den einen, beispiellos,
den wir uns're Erde heißen,
unsere Heimstatt, die wir bloß
unbedacht in Stücke reißen.

Wie wohl sollte es schon kommen,
daß, mit gleichem Blick geseh'n,
noch von der Geburt benommen,
auch die Chancen wieder geh'n?

Wenn die letzte Blase weicht
und die Fäulnis ist vertrieben,
wird das Weltall wieder leicht,
so, als wäre nichts geblieben.

*(20. Dezember 2007)*

## Kosmogolem

Das Suchen ist ergebnislos,
ein Finden, das bleibt sicher aus,
die Welt, sie schrumpft und ist zu groß
und glüht und friert im schwarzen Graus.

Die Harmonie entufert sich,
das Chaos ist schon fast perfekt,
das Weltall nur auf einem Strich,
der schmaler wird und Ferne weckt.

Kein Trost in einem tiefen Schlund,
der alles und auch nichts verschlingt,
als gäbe es den letzten Grund,
der endet, aber doch gelingt.

Keine Regel, die entsteht,
keine Kraft, die wirken kann,
wenn der letzte Stern vergeht
und es wird, wie es begann.

War da nicht der große Knall
und niemand weiß von ehedem?
Oder doch der Sturz, der Fall
und ein geträumter Wunsch aus Lehm?

*(24. Juni 2006)*

## Das Kartenhaus

Es war ein kleines Kartenhaus,
im Dunkel aufgeschichtet,
kein Weg hinein, kein Weg hinaus,
ward allgemein berichtet.

In einer Höhle aus Granit,
von einem Berg umgeben,
bekam es keinen Dämpfer mit
vom Treiben und vom Leben.

Geschützt von Wäldern,
fern von Wegen
und Weizenfeldern,
abgelegen,
hielt sich der Hohlraum
in diesem Berghang,
an seinen Tagtraum
den ganzen Tag lang.

Bis daß sie kamen
und viel zu leicht
die Ruhe nahmen,
die tiefer reicht
als alle Maße
von Menschenhand
für eine Straße
aus Teer und Sand.

Wieviele Karten,
die fielen und stürzten
auf schlimme Arten,
und schufen und kürzten
menschliche Welten
in ihren Kulissen,
ewig zu gelten
mit bruchhaftem Wissen?

Doch bei dem einen,
dem letzten vielleicht,
reißen die Leinen
und jeder Halt weicht.

Es ist zu erwarten
und auch abzulesen,
fällt dies Haus aus Karten,
war 's das dann gewesen.

*(24. Oktober 2005)*

## Schöpfung

Das, was wir den Kosmos nennen,
ist ein Platz im Weltenraum,
wo sich die Geschwister trennen
von der Wirklichkeit zum Traum.

Die Geschwister, ungeschieden,
waren da vor Raum und Zeit,
und sie brauchten keinen Frieden,
denn sie hatten keinen Streit.

Bis es langsam irgendwann
doch zu einer Schöpfung kam
und der Trennungsschmerz begann,
Sternensturz in Schuld und Gram.

Freies Nichts, das sich verteilt
auf die vielen Reiche,
ausgerissen und verkeilt,
Opfer böser Streiche.

Götter-, Riesen-, Menschenwelt
heißt schon bald das neue Leben,
das sich nun in Fristen hält
und mehr brauchen kann als geben.

Konnte es da anders werden,
als die Mythen es erfanden,
daß die Menschenwelt auf Erden
und die Götter auferstanden,

die als Wiege der Geschlechter
nicht nur sehr viel stärker waren,
sondern lang geschützt als Wächter
hatten vor Zerfallsgefahren.

Heute haben wir vergessen,
was uns heilig war und wichtig,
und wir sind auch so vermessen,
daß wir glauben, es sei richtig,
diesen Kosmos zu benennen,
ihn zu rastern und zu zählen,
sich mit allem auszukennen
und das Schicksal selbst zu wählen

und der Welt zu suggerieren,
unser Können sei gewiß,
doch den Blick dafür verlieren,
was wir sind, ein Riesenschiß.

*(16. Januar 2003)*

## Graviton

Es sitzt auf dem Erkenntnisthron
vor allen andern Kräften
das berühmte Graviton,
den Kosmos abzuheften.

Es hält und hält
und läßt nicht los,
und macht die Welt
so klein wie groß.

Doch diese Gleichung
und ihr Maß
sind auch der Ursprung
für den Fraß,

der an dem Quell
des Denkens zehrt
und ewig schnell
dem Zugriff wehrt,

zum Wissen noch,
die Illusion
ist endlich doch
ein Graviton

und nur Ersatz
für wahre Macht,
an deren Platz
das Weltall lacht.

*(10. Oktober 1998)*

# Erde

Es bleibt ein kühles Fleckchen,
vielleicht auch sonnenwarm,
an einem dunklen Eckchen
in einem Sternenschwarm.

In Anbetracht der Enge,
die sich vergeblich wehrt,
wird jede gute Menge
zermahlen und verzehrt.

Schwarze Löcher sind's vielleicht
oder ist es leeres All?
Keine Perspektive reicht,
keine Festung und kein Fall.

Einem Mahlstrom auch vergleichbar,
der in der Unendlichkeit,
nur der Kollision erreichbar,
nichts als neuen Tod befreit.

In der Ferne als Erscheinung
sieht das fast wie Absicht aus,
leichthin bildet sich die Meinung,
Gott erschuf es wie ein Haus.

Oder wer weiß, welche Macht,
die es den Geschöpfen dann,
nur solang sie drüber wacht,
irgendwann vererben kann.

Doch zu glauben ist das kaum,
eher ist es ausgeschlossen,
denn auch Fieber kennt den Traum,
jene Leiter ohne Sprossen.

Was man Universum nennt,
bietet weder Raum noch Zeit,
weil es explodiert und brennt,
oder die Gelegenheit,
für das Lachen und das Weinen,
das sich in der Mitte trifft,
seine Kräfte zu vereinen
als ein heilsam gutes Gift.

Hält ihn das nicht jung und alt,
so wie wir den Kosmos kennen,
und läßt ihn genauso kalt
wie die Sonnen, die ihn brennen?

Nie gebar er eine Frucht,
die ihm beides abgewann,
und der Heimat wie der Flucht
Bleiberecht und Schluß ersann.

Nur ein kühles Fleckchen,
in der Sonne warm,
reich an dunklen Eckchen,
doch an Licht nicht arm.

*(28. Januar 2003)*

## Lachen tief

Löchrige Pfade,
finstere Nacht,
Lebensscharade,
faulige Fracht.

Der schlimmeren Welt
schauriges Pfand,
die dauerhaft fällt,
Meer ohne Land.

Und Faulfracht,
übel und flüchtig,
verteilt sich sacht,
fortbestandssüchtig.

Über die Frist
sterbend zu leben
als Schattenlist,
dort und daneben.

Hast du den Zweck,
Mensch, auch bedacht,
endloses Leck,
die Tiefe lacht.

*(27. Oktober 2008)*

## Himmel und Hölle

Für ewig geschieden,
der Himmel, die Hölle;
an einem Ort sieden
in Masse und Völle
die Völker und Seelen
aus all' ihren Zeiten,
die frei sind zu wählen,
noch mal zu entgleiten.

Am and'ren Ort halten,
auch Himmel genannt,
die Obergewalten,
als Engel bekannt,
die Seelen gefangen,
die dumm genug waren,
dorthin zu gelangen
aus Furcht vor Gefahren.

Zwischen den Reichen,
die Tore verriegelt;
niemand kann weichen,
das Schicksal besiegelt
die fehlende Chance
der restlichen Scharen,
die Himmelsbalance
ins Abseits zu fahren,
indem sie es nutzen,
bei offenen Toren,
die Platte zu putzen,
der Hölle verschworen

und sich am Ende
in himmlischen Weiten
keiner mehr fände,
den Herrn zu begleiten.

Ihm würd's nicht gefallen,
wenn er so zum Schluß
in heiligen Hallen
zurückbleiben muß.

*(10. Juli 2000)*

## Wissen

Willst du wirklich alles wissen,
auch warum, wieso, wozu,
bist von innen her zerrissen,
und es läßt dir keine Ruh',
wenn du nicht den Sinn erkennst
kompliziertester Prozesse,
die du unbegreiflich nennst,
fordern sie doch dein Int'resse,
weil sie sich dem Geistesstreben
deines Denkens noch verweigern
und mit ihrem Eigenleben
deine Neugier endlos steigern.

Wissen willst du, gleich, sofort,
allumfassend, wenn es geht,
das dann, frei von Zeit und Ort,
zu deiner Verfügung steht.

Dann vergesse konsequent,
was du wo gefunden hast,
wenn es auch im Rücken brennt
oder hemmt als Überlast.

Nimm den letzten Rest aufs Korn
und verschließe deine Sinne,
nicht zurück und nicht nach vorn,
wie im Fangnetz eine Spinne,

vom Gefühl nicht abgelenkt,
wenn ihr Netz den Dienst versieht,
weil sie an die Nahrung denkt,
während sie die Fäden zieht,
oder spinnt und fängt und kauert,
ohne je zu unterbrechen,
und nie wartet oder lauert,
da könnt' man von Wissen sprechen.

Liegt 's nicht deutlich auf der Hand,
Irrtum herrscht auf allen Seiten.
Immer nur am Außenrand
wird das Wissen dich begleiten.

*(17. April 2004)*

## Vergeßlichkeit

Vergeßlichkeit, Vergeßlichkeit,
du herrscht in jeder Phase
und blähst dich auf mit deiner Zeit
wie eine Weltraumblase.

Du nimmst auch das Gesichtsfeld ein
beim Hören, Sehen und beim Riechen,
kein Anlaß ist dir gar zu klein,
dich nicht am Ende zu verkriechen.

Du nährst dich vom Gedankenhalt
so wie von süßen Früchten,
kein Keim, kein Blütenblatt wird alt,
verzehrt von deinen Süchten.

Du greifst um dich und du benutzt
die Chance zu denken anderweitig,
und weil du jede Dauer stutzt,
machst du das Bleiben immer streitig.

Denn niemals kommt ein Streben an,
wenn es nicht einmal richtig haftet,
so daß es sich entwickeln kann
und dich, Vergeßlichkeit, verkraftet.

Nur einmal mußt du säumig sein,
die Haftung zu verhindern,
dann bricht dein böser Aberschein
und wandelt sich zu Kindern.

Zu Kindern, die das Wort nicht brechen
und doch der Sprache nicht bedürfen,
weil sie mit jedem alles sprechen
und nicht nach Halt und Leben schürfen.

Denn diese Kinder wär'n bestimmt
von dir als Amme ganz befreit,
die ihnen Kraft und Zugriff nimmt
mit dir, ihrer Vergeßlichkeit.

*(6. Mai 2004)*

## Tiermoritaten

### Sühnelos

An einem milden Tag wie heut',
zu warm für diese Jahreszeit,
hat man sich grad' erfreut,
da begann der fürchterliche Streit.

Wolkenfelder, Nebelbänke
war'n beteiligt am Gescheh'n,
ähnlich wohl wie Menschenränke,
furchtbar schlecht vorauszuseh'n.

Aus der Ferne wie ein Spiel
wollte es erscheinen,
durch den Nebel drang nicht viel,
bis auf leises Weinen.

Dann Schluchzen und Wimmern
vom Waldrande her,
die Nebel verschlimmern
die Lage noch mehr.

War es nicht verletztes Wild,
angeschossen und entkommen,
hat den Nebel doch als Schild
und des Jägers Lohn genommen?

Tropft' noch frisches Blut des Kindes
in das warme, feuchte Moos,
überlebte es zumindest,
wurd' den Schrecken nie mehr los.

Hatte nicht der Jagdkollege
sich beschwert, es war Herr Buchs,
daß im nebligen Gehege
angeschossen floh der Fuchs?

*(Oktober 1995)*

## Schade

Er war doch nur ein kleiner Hase,
man könnte sagen, noch ein Kind;
der steckte seine junge Nase
in den ersten Frühjahrswind.

Der Frühling ist es wohl noch nicht,
doch sicherlich ein Übergang,
denn Sonne streichelt das Gesicht
und löst den winterlichen Zwang.

Steinharter Acker,
frostiger Dampf,
Häschen hüpft wacker
hinein in den Kampf.

Seinen Bau im Rücken,
vor sich Wald und Feld,
bricht es alle Brücken
und umarmt die Welt.

Alles, was es wiederkennt,
ist das dünne Eis am See,
wie es drauf und rüberrennt,
jagt in Kinderträumen Schnee.

Es rutscht das Ufer runter
und freut sich auf die Fahrt,
bricht ein und geht gleich unter,
der Rest blieb ihm erspart.

Das Glück trieb ohne Gnade
sein Spiel mit diesem Tier,
und es ist wirklich schade
um die junge Lebensgier.

*(März 1996)*

## Die Feier

An einem Tag wie diesem,
da spielt das Schweinchen Fett
im Wald, auf Feld und Wiesen
und geht erst spät zu Bett.

Der Morgen weckt es rüde
mit hellem Sonnenschein,
denn es war furchtbar müde
und wollt' alleine sein.

Was treiben sie im Garten,
die vielen Leute hier,
Tische, Stühle, Karten,
ein Grill, Besteck und Bier?

Einer gibt sich zu erkennen,
ist dem Schweinchen auch vertraut,
es braucht nicht in Panik rennen,
und der Schreck ist schnell verdaut.

Laß' sie nicht in deine Nähe,
flüchte noch, so lang es geht,
denn zu deinem Schmerz und Wehe
Nachbar Schlachter bei dir steht.

Müssen Schmerzen und Entsetzen,
durch des Messers Schnitt gelenkt,
nicht den Körper nur verletzen,
dessen Blut die Erde tränkt?

Keiner von den Partygästen
möchte davon etwas wissen,
denn der Grill auf solchen Festen
liefert nur die Leckerbissen.

*(Oktober 1996)*

## Kosmetik

Kleines Rhesusäffchen Fips
war so glücklich auf der Leier,
mit Musik und Dauerschwips,
Orgel, Stühlchen, Opa Meyer.

Alle Kinder in der Gegend
hatten Fips und Opa gern,
herz-, gemüt- und tagbewegend
Opa Sternchen, Äffchen Stern.

Wenn Fips auf seinem Stühlchen saß,
die Kinder feixten, klatschten, lachten,
weil er seine Banane aß,
und alle nur noch Unsinn machten.

Dann wurde jedes Straßeneck
zum Jahrmarkt und zum Zirkuszelt.
Und wo er spielt', wurd' jeder Fleck
zum Mittelpunkt der ganzen Welt.

Gewissermaßen war sein Markenzeichen
das rote Baseballmützchen, das er trug
bei seinen Spielen und den Streichen,
ob sie verrückt, verwegen waren oder klug.

Das Labor für Schönheitsmittel
war das größte Haus am Ort,
Männer, Frauen im weißen Kittel
forschten für Kosmetik dort.

Mit den Nummern zehn bis hundert
war es nicht zu überseh'n.
Oftmals hat man sich gewundert,
welche Dinge dort gescheh'n.

Als dann eine lange Zeit
Leierkasten, Fips und Opa fehlten,
tat es allen Leuten leid,
und die Kinderfragen quälten.

Nur Erwachsene, die wußten,
als man dieses Mützchen fand
im Labormüll zwischen Krusten:
Fips kehrt nie zurück ins Land.

*(Februar 1997)*

## Der Barsch

Ein Tag wie dieser,
stürmisch, bedeckt,
nur etwas mieser,
hat Jagdlust erweckt.

Angelzeug und Friesennerz,
auch dabei ein Hocker,
und das große Sportlerherz
nimmt die Kälte locker.

Jeder Angler kennt das Glück,
wenn er seine Waffe schwingt,
Nase vor und Arm zurück,
daß der erste Wurf gelingt.

Bei ihm Tasche, Sammeleimer,
Füße fest im frischen Kies,
und der Platz ein ganz geheimer
Tip als Angelparadies.

Barsch hatte, wie er 's nannte,
sein Brüderchen verschont;
man fraß doch nicht Bekannte,
das war er nicht gewohnt.

Der Himmel ward zerrissen
von Beute und nicht echt,
die hat er dann gebissen,
sie kam ihm gerade recht.

Da hing er nun und windet
sich an der Angelschnur;
sein ganzes Leben schwindet,
als er zum Himmel fuhr.

Er hatte keine Ahnung,
wie furchtbar sowas schmerzt;
und diese große Mahnung
sich durch den Sport verscherzt.

*(April 1997)*

# Hamsterrad

Es war die erste Liebe,
und einfach wie das Kind.
Fragt sich, ob nicht dem Triebe
die Tiere Spielzeug sind.

Daß die Eltern Freude hatten
am schönen Augenglanz,
warf zu Anfang keinen Schatten
auf das Geschenk mit Stummelschwanz.

Sie hatten sich gefunden
zum arglos bösen Spiel.
Der Hamster dreht die Runden
im Laufrad, oft und viel.

Interesse wie ein Feuer,
so heiß und zugewandt,
das Hamsterabenteuer
geriet zum Dauerbrand.

Und lange wie besessen
gefüttert und ganz oben,
in einem Tag vergessen
das Tier - und abgeschoben.

Es war nicht nur der Urlaub,
der Umzug kam hinzu;
Gerümpel und der Hausstaub
verhießen Friedhofsruh'.

Vertrocknet, ohne Leben
hat man es dann entdeckt;
am Laufrad sollt' es kleben,
von letzter Müh' verschreckt.

War es nicht auch beseelt
auf tiefster Lebensstufe
und hat sich lang' gequält;
wer hörte seine Rufe?

*(August 1997)*

## Ferdinand

In diesen dunklen Tagen,
da gibt es einen Ort,
an dem zieh'n große Plagen
für manche Stunden fort.

Solche Stunden in der Küche
heißen für die alte Frau
Sättigung und Wohlgerüche,
freie Zeit vom Sorgenstau.

Besonders liebte diesen Fleck
als Wohnort und als Wiege
zwischen Zuckertopf und Speck
die letzte Stubenfliege.

Und in den letzten Wochen,
da hat es sich ergeben,
beim Essen und beim Kochen
mit diesem Gast zu leben.

Warme Küche, warmes Herz,
wachsendes Verständnis,
Sympathie bis fast zum Schmerz,
zu der Fliege ein Bekenntnis.

Gab ihr sogar einen Namen,
rief sie fortan Ferdinand;
wenn sie dort zusammenkamen,
saß sie immer auf der Hand.

Über viele schöne Tage
wuchs die Liebe stärker aus,
Zucker in der Schicksalswaage,
und den Faden biß die Maus.

Sicher saß
das Glück nicht länger,
sie vergaß
den Fliegenfänger.

Brummen wird es jede Nacht jetzt,
denn verzweifelt und verlassen
kam's, in Sinn und Sein verletzt,
doch zum Abschied beider Rassen.

*(November 1997)*

## Das tapfere Schneiderlein

Man nennt sie Schuster oder Schneider.
Wir nehmen solch ein Exemplar,
das, als ein böses Beispiel leider,
des Unglücks roter Faden war.

Wer sich zu einer Spinne setzt,
entkommt nicht ungeschoren,
und in der Falle schwer verletzt,
hat es ein Bein verloren.

Dann, im nächsten Augenblick,
hakt das ganze Schneiderlein,
oh, welch großes Mißgeschick,
am Toilettenvorhang ein.

Vorhanglöcher, klein und groß,
fesselten das Schneiderlein;
dennoch kam es wieder los,
abermals zerreißt ein Bein.

Wär' der Schuster eine Biene,
hätt' er sich gefreut,
auf der alten Waschmaschine
war noch Pflaumenmus verstreut.

Mehr im Sturze als im Fluge
taumelt er zu nah' vorbei,
und er klebt im selben Zuge
an dem Mus und kommt nicht frei.

Wie soll man es bloß beschreiben,
dieses Un- von allem Glück?
Würde sich ein Mensch entleiben,
wär's, als blieb sein Haar zurück.

So ist es dann geschehen,
ein Mückenrest flog fort,
denn es konnt' nicht mehr gehen;
ein lang gedehnter Mord.

Und wollte jemand hoffen,
das Schneiderlein wär' frei,
der Gasbrenner stand offen,
die Irrfahrt war vorbei.

*(Mai 1998)*

## Aus: Gedichte zum Jahreswechsel

Ach, Weihnachtsmann, hör' mein Gebet
an Deine rote Mütze,
ich schlüge gern, wenn 's auch nicht geht,
das Liebesfest zu Grütze.
Wozu das Fest, das ich nicht brauch'
zum Lieben und zu schenken,
mein schlechtes Jahr, mein leerer Bauch,
die sind nicht abzulenken.
Mummenschanz trügt mich nicht länger,
denn mein Sinn bleibt unverstellt,
weil man als Hartz-IV-Empfänger
keinen Hof mit Engeln hält.
Ach, Himmelsknecht, hör' mein Gebet
an Dich und Dein Gewand, das rote,
daß es der Rest der Welt versteht:
Ich bin die Botschaft, nicht der Bote.

*(12.12.2006)*

# Wunschgedichte

## Fluctui

Als jener Falter Schatten warf
im hellen Schein der Flammen,
da sah ich ihn schon doppelt scharf
und flog mit ihm zusammen.

Der Feuerplatz, das Drumherum,
war meinem Sinn entschwunden,
ich drehte flatterhaft, wie dumm,
ums heiße Licht die Runden.

Mir war, als gähnt' im Flügelschlag
ein riesengroßer Rachen,
und der verschlang mich, wenn ich 's sag,
ich konnte gar nichts machen.

Und so verschluckt, ist 's mir gescheh'n,
es gab nicht Dach noch Wände,
ich hab' die lange Nacht geseh'n,
den Abgrund ohne Ende.

Er war so endlos, hohl und leer,
kein Halt war in dem Schlund zu finden,
und dunkel war 's wie schwarzer Teer,
nicht nur die Sehkraft mußte schwinden.

Alleinsein wär' Geselligkeit
in einem solchen Rachen,
und höllisch schien die Schnelligkeit,
den Teufel hört' ich lachen.

Ich fand mich auf dem Stuhl erschrocken,
das Feuer brannte noch als Glut,
ich sah die Leute um mich hocken,
es lähmten mich die Furcht und Wut.

Ich habe es dennoch gewagt,
den ander'n mitzuteilen,
daß mir das Feuer nichts mehr sagt,
um fortan zu verweilen.

Beim Gehen hört' ich mich noch sagen:
"Habt auf den Falter bitte acht,
er hat so viel für uns zu tragen,
weil er die ganze Welt bewacht."

*(13. August 2006)*

## Die Einwilligung

"Ach, weißt du noch, vor Wochen",
spricht der Patient es aus,
"gefeiert und gebrochen
und dann ins Krankenhaus."

So haucht er seine Worte.
Und die Erinnerung
an diesem fremden Orte
ist wie ein Rettungssprung,
ein Sprung wie aus dem Fenster,
der ihrer Hilfe flieht,
weil er sie als Gespenster
mit böser Absicht sieht.

"Ach, bitte, liebe Schwester,
ach, Doktor, hör'n Sie doch,
mein Herz, es schlägt schon fester,
nur ein paar Stunden noch.

Und wird es wieder schlimmer,
dann möcht' ich folgsam sein,
wird 's noch mal schlecht wie immer,
so willige ich ein.

Doch jetzt, zu dieser Stunde,
da geht es mir so gut,
und selbst der Schmerz der Wunde
gibt mir noch Kraft und Mut."

Nun flüstert er so leise,
daß niemand hören muß,
wie er sie liebt, die Reise,
und fürchtet ihren Schluß.

Noch einmal dringt sein Flehen
zu seinem eig'nen Geist,
und keiner kann es sehen,
bis daß der Faden reißt.

"Ach liebste Frau, ach lieber Sohn,
laßt euch doch noch mal auf mich ein,
den kalten Schnitt, ich spür' ihn schon;
ich will auch immer artig sein."

*(18. Juni 2006)*

## Der Held

Ich nehme meine Tasse
und stoße auf dich an,
das war schon wirklich klasse,
und ich hätt 's nicht getan
und wär' wie du gesprungen,
so kühn und selbstbefreit,
hätt' mit dem Feind gerungen
und ihn gestoppt im Streit.

Wir wollten helfen, gerne,
als der am Ende dich,
schon selbst in Lebensferne,
erwischt' mit diesem Stich,
und das war dann dein Ende
wie seines eben auch,
und deine starren Hände
verkrampften sich am Bauch.

Ich kann mich gut besinnen
an diesen Augenblick,
mein Zögern ließ mich drinnen,
und Mut war dein Geschick.

So kann ich meinem Sohne
ins Buch des Lebens schreiben,
daß Heldentod sich lohne
für die, die übrigbleiben.

*(30. Juli 2008)*

## Teufelchen

Es ward ein Teufelchen gebor'n,
das war schon groß, bevor es wuchs,
trug Haare in und auf den Ohr'n,
die Augen schenkte ihm der Luchs.

Es aß nur ungereifte Früchte
und hatt' die Kindheit zugebracht
als Quelle übelster Gerüchte,
in Schatten, Nebeldunst und Nacht.

Man hatt' es stetig flüstern hören,
daß niemand irgendetwas muß
und daß die Uhr'n den Zeitlauf stören
und hetzen bis zum Überdruß.

Daß Menschen hohl und trübe gaffen,
wenn sie erstmal erfolgreich sind
und seelisch, geistig voll erschlaffen
und es verlier'n, das Menschenkind.

Und daß der Unterschied der Träume
zur vielbeschwor'nen Wirklichkeit
die unentschlüsselbaren Räume
nur schützt, bis daß die Wildnis schreit.

Und niemand, der noch atmen kann,
der muß sich irgendwas verdienen,
weil es kein'n Dienst gibt, nirgendwann,
und den erfund'nen Staat der Bienen.

Soldaten, Arbeiter und Bürger
sind Namen für das Ungeheuer,
das sich ernährt als Seelenwürger
im selbstgewählten Strafgemäuer.

Du sollst, du mußt, verboten ist,
das hat es stets bestritten
und jeden Anstand angepißt,
vor Recht und Brauch und Sitten.

Es ward' ein Teufelchen gebor'n,
und, darauf kannst du wetten,
es hat bestimmt der Welt geschwor'n,
sie keinesfalls zu retten.

*(22. Juli 2006)*

## Ahorns Reise

Ein Ahornblatt wird sich im Sturm
zu schnell und hoch erheben,
wird über jeden Berg und Turm
bis zu den Wolken streben.

Von großen und von kleinen Winden
läßt es sich weiter treiben,
von keinem Auge mehr zu finden,
kann es auch nirgends bleiben.

Später dann, am selben Ort,
wird es wiederkommen,
war dann schon drei Jahre fort,
hat sich Zeit genommen.

Es sinkt auf einen Blätterhaufen
und legt sich endlich nieder,
nie mehr mit Wind und Wetter raufen,
die Erde hat es wieder.

Wohl steht in einem alten Buche,
geht der Ahorn je auf Reisen
so wie auf eine lange Suche,
dann zeigt er und wird beweisen,
daß der faule Glaube nur,
alles blieb beim Alten,
Dummheit ist und Irrtum pur
und der wird nicht halten.

Doch es steht im Buche auch,
daß die ganze Menschenwelt
sich zermalmt zu Staub und Rauch,
wenn das Blatt nicht niederfällt.

*(12. November 2008)*

## Ein bunter Hund

Kurt Meier hatt' so einen Namen,
der nur soviel sagt wie Gert Schmidt,
und nichts daran fällt aus dem Rahmen,
ein Durchschnittsmensch auf Schritt und Tritt.

Und doch, so wie bei keinem zweiten
war dem Kurt Meier anzuseh'n,
was Tag und Umstand ihm bereiten,
da war er fast ein Phänomen.

Hatt' ihn der Job mal stark gebuckelt
und er war mehr als nur geschafft,
dann wurd' solang am Bier genuckelt,
bis er am Tresentisch erschlafft'.

Er fürchtet' nichtmal seine Frau,
wenn er dann doch nach Hause muß,
sternhagelvoll und stinkeblau
wurd' er nur ander'n zum Verdruß.

Und auch nicht selten ohne Not,
weil er den Ärger richtig suchte,
wurd' sein Gesicht ganz puterrot
und nicht nur, weil er schrie und fluchte.

Oder, wenn er es nicht mehr faßte,
daß dies und das danebengeht,
und kreideweiß deshalb erblaßte,
weil er die Welt nicht mehr versteht.

Auch konnte es durchaus gescheh'n,
daß ihm so übel war und schlecht
und Därme und der Magen bläh'n,
weil sich die letzte Mahlzeit räch't'.

Dann schimmerte er etwas grün,
besonders, wenn er kotzen mußte,
als ob die Moose in ihm blüh'n
und nur sein Magen das nicht wußte.

Und dauerte das Elend an,
dann war an ihm sehr gut zu lernen,
daß jemand gelb anlaufen kann
und strahlen wie die Gaslaternen.

Herr Meier war im Leben nur,
das ist der Leichenschaubefund,
ein kleines Tier in der Natur,
doch immerhin ein bunter Hund.

*(16. August 2008)*

## Schwarm


In den indischen Gewässern,
nah' der Küste bei dem Riff,
dort, wo Menschen nur mit Messern
Fische fangen ohne Schiff;

dort, wo man mit seinen Händen
ohne Werkzeug oder Schliff,
nur das Meer an seinen Lenden,
immer gleich ins volle griff;

dort, wo viele Lebensarten,
dicht gedrängt in großer Enge,
ganz wie im Gemüsegarten
Leben schöpfen aus der Menge.

Dort hat einst ein kleiner Fisch
sich 'was Großes ausgedacht
an dem reich gedeckten Tisch
und sich Blasen abgelacht:

"Mancher Zeitgenosse hier
ist so sehr damit beschäftigt,
daß er nicht des Feindes Gier
oder dessen Magen kräftigt,
und der ohne Mitgenossen
und Geborgenheit im Schwarm,
nur gestützt auf eig'ne Flossen,
an Kontakt und Freuden arm,

im Reflex zu überleben
durch die Meereswelten treibt,
nie genug, um abzugeben,
und doch auf der Strecke bleibt.

Anders schon im großen Schwarm,
selbst wenn es mal kühler ist,
bleibt die Lebensfreude warm,
weil man niemanden vermißt."

Kleiner Fisch erkennt, wie wahr,
daß der Freßfeind, irritiert,
wird er einmal zur Gefahr,
Beute durch den Schwarm verliert.

Warum also, fragt der Kleine,
nicht auch einmal umgekehrt
und gemeinsam, nicht alleine,
sich der Schwarm im Kampfe wehrt?

Lange braucht er nicht zu warten,
schnell wie von der Bogensehne,
mitten im Korallengarten
greift und frißt ihn die Muräne.

Später, seine Kameraden,
die schon lange in den Riffen
überleben als Nomaden,
sagten: "Er hat's nicht begriffen,

daß der Schwarm die Deckung ist,
nur zum eig'nen Überleben;
und wenn das einer vergißt,
muß er wohl das seine geben."

*(24. Mai 2002)*

# Hexenschritthüter

Ich habe einen Hut geseh'n,
der reichte bis zur Erde,
und dort, wo sonst die Federn steh'n,
da grasten Rind und Pferde.

Es war ein Hügel sicherlich,
so könnte jemand sagen,
des Menschen Augen täuschen sich,
von Träumerei geschlagen.

Ein Traum, sag' ich, war es bestimmt,
und doch mit wachen Sinnen,
ein solcher, der den Schleier nimmt,
um Tiefe zu gewinnen.

Um mehr zu wissen als zu schau'n
und brückenlos zu überqueren,
wo wir auf Oberflächen bau'n,
die uns doch nur den Schritt verwehren.

Der wohl der einzige auch sei,
sich nicht mehr nur zu wiederholen,
von allen Regeln gänzlich frei,
dem Teufel aus dem Sack gestohlen.

Der niemals rastet oder ruht
und keinen Meter säumig bleibt,
der ungefesselt, unbeschuht
die Welt durch seine Tänze treibt.

Doch nur mit wildem, festen Tritt
und einem traumgereiften Mut
erschließt er sich, der Hexenschritt,
und seine Heimatwelt, den Hut.

*(22. April 2004)*

## ApoAgitProp Ballade

"Und weißt du", sag' ich schüchtern
dem Gast, der mit mir fährt,
im ganzen nicht mehr nüchtern
und keiner Geste wert,
auf einer U-Bahnstrecke,
die viel Geduld verlangt,
wo selbst 'ne lahme Schnecke
um ihre Zeiten bangt,
sich die Langeweile
zu einem Pläuschchen findet
und Station und Meile
mit zähem Strang verbindet.

Da ist 's nicht ungewöhnlich,
auch einem alten Trinker,
bedachtsam und versöhnlich,
als gut erzog'ner Linker
den Worttausch anzubieten
zu irgendeinem Thema,
den Renten oder Mieten,
und nach sozialem Schema.

Und also sprech' ich weiter
und wiederhole mich:
"Du bist doch ein Gescheiter
und ahnst es sicherlich,

die dunkle Wolke Zukunft
kann keine Lotterie sein;
bestimmt wird von der Geldzunft
doch das Glück und Pech allein."

Der alte Trinker gähnt nur
und winkt noch müde ab.
Ihm nütze nur die Trinkkur,
der Rest macht dumpf und schlapp.

"Siehst du denn nicht die Zeichen?
Das Klima wandelt sich
und weltweit all die Leichen,
das ist doch fürchterlich",
so halt' ich ihm entgegen
und weiter: "Wer hat Schuld
auf den verfluchten Wegen,
wann reißt dir die Geduld?
An allen Weltenecken
die Ungerechtigkeit,
der Hunger und die Schrecken,
die totgebor'ne Zeit.
Ja, kannst du nicht erkennen,
da läuft doch was verkehrt,
und Leut' wie du verpennen
die Welt, die sich verzehrt.
Bist du denn so benommen,
daß du es ganz versäumst,
wenn Katastrophen kommen?
Sag' mir, wie tief du träumst!
Willst du es provozieren,
daß Satan selbst erscheint,
und dich dem Spieß servieren,
bis daß die Seele weint?"

Da seh' ich Hörner unter'm Schopf,
sein altes Trinkermaul sagt: "Blah!
Siehst du denn nicht, du Schraubenkopf,
ich bin deshalb schon lange da."

*(31. Dezember 2006)*

## Über den Autor

Helmut Barthel, geboren 1951 in Hamburg, schreibt seit seinem achten Lebensjahr. Sein beeindruckendes Werk umfaßt heute weitmehr als 1000 Gedichte und zwei Serien von über 100 Kurzerzählungen über bedeutende Religionsstifter und Philosophen von der Antike bis in die Gegenwart. 2015 erschien der erste Teil seines Romans "Zauber kalt", dem zwei weitere folgen sollen. Die beiden Bände "Dichterstube, Kehricht Band 1 und 2" enthalten alle weiteren Gedichte verschiedenster Formate und Aphorismen, die in den fünf Büchern "Lyrik-Lesung" noch nicht veröffentlicht wurden. Verbliebenes vom Feinsten!

Helmut Barthel arbeitet als Verleger und Chefredakteur des Schattenblick und ist Verfasser nachhaltiger Fachartikel in den Bereichen Politik, Kultur, Philosophie und Sport. Seine Leidenschaft gilt der deutschen Sprache, besonders in verdichteter Gestalt.

**Lyrik-Lesungen**

**Dichterstuben**

Eine Auswahl

von Helmut Barthel

*im Kulturcafé Komm du*

**Lyrik-Lesung 1**
vom 29. Mai 2013
ISBN 978-3-925718-29-8

**Lyrik-Lesung 2**
vom 7. August 2013
ISBN 978-3-925718-30-4

**Lyrik-Lesung 3**
vom 30. Oktober 2013
ISBN 978-3-925718-31-1

**Lyrik-Lesung 4**
vom 4. Dezember 2013
ISBN 978-3-925718-32-8

**Lyrik-Lesung 5**
vom 12. Februar 2014
ISBN 978-3-925718-33-5

# Dichterstube

## Kehricht
## Band 1 und 2
## von Helmut Barthel

Kehricht und Fegen,
zum Entsorgen frei.
Doch halt! Von wegen!
Noch ist was dabei.

Es mahnt mich an Reste
und mein langer Blick
eröffnet das Beste
vom Dichtergeschick.

(H.B.)

Band 1: ISBN 978-3-925718-26-7
Band 2: ISBN 978-3-925718-27-4

MIX

Papier | Fördert
gute Waldnutzung

FSC® C083411

Zeitfracht Medien GmbH
Ferdinand-Jühlke-Straße 7
99095 Erfurt, Deutschland
produktsicherheit@kolibri360.de